Whitefish and Lost Dreams And Other Bilingual Norwegian-English Stories for Norwegian Language Learners

Pomme Bilingual

Published by Pomme Bilingual, 2024.

While every precaution has been taken in the preparation of this book, the publisher assumes no responsibility for errors or omissions, or for damages resulting from the use of the information contained herein.

WHITEFISH AND LOST DREAMS AND OTHER BILINGUAL NORWEGIAN-ENGLISH STORIES FOR NORWEGIAN LANGUAGE LEARNERS

First edition. August 13, 2024.

ISBN: 979-8227355423

Written by Pomme Bilingual.

Table of Contents

I Skumringen av Sølvkysten

Det var en av de kveldene hvor havet er en stille, dyp blå, og himmelen har mistet seg selv i gryten av solnedgangen. Martin satt alene på en gammel, slitt benk ved bryggekanten. Det var den tiden på året hvor alle lysene på bryggen ble slukket, og hele stedet ble innhyllet i en ro som bare de få lokale visste å sette pris på.

Martin hadde vært i byen i femti år. Han hadde alltid elsket det lille stedet, og det lille stedet hadde alltid elsket ham tilbake, på sine egne måter. Byen hadde sine hemmeligheter, sine små tragedier og triumfer, og Martin hadde vært vitne til dem alle. Men i kveld var det ikke en av disse historiene han tenkte på. Han hadde bare et ønske om å være alene med tankene sine.

Han tenkte på gamle dager, de dagene da livet var enklere, da hver dag var fylt med forventning om noe nytt. Han hadde vært ung en gang, fylt med drømmer om fjerne land og store eventyr. Nå var han gammel, og alle drømmene hans hadde blitt til minner, som tårnet på den andre siden av bryggen, fylt med alger og skjell, som solnedgangen hadde malt med gull.

Det var på en av disse gamle båtene Martin hadde tilbrakt mesteparten av livet sitt, på jakt etter fisk, på jakt etter noe som kunne holde ham i live. Det var mange år siden han hadde hatt en virkelig fangst. Nå dro han ut på sjøen bare for å holde seg i gang, for å kjenne på vinden mot ansiktet, for å minnes hvordan det var å være fri.

Når natten senket seg, begynte Martin å tenke på de gamle vennene sine. De fleste hadde forlatt ham, enten for å se verden, eller fordi tiden til slutt hadde tatt dem. Han hadde ingen familie igjen, ingen barn som ville komme til ham i gamlehjemmet. Han var alene med minnene sine, som bølger som rullet inn mot stranden.

En mann med en mørk frakk kom ned til bryggekanten. Han hadde en høy, smal kropp og beveget seg med en viss hast. Martin så opp og møtte blikket hans. Mannen nikket til ham, og Martin nikket tilbake, som to gamle kjente som delte en stille forståelse. Mannen gikk forbi uten å si noe, og Martin vendte tilbake til tankene sine.

Når kvelden ble til natt, og stjernene begynte å skinne, tenkte Martin på hva han skulle gjøre med det som var igjen av livet sitt. Han hadde ikke mye igjen, kanskje bare et par år, men det var noe å tenke på. Skulle han bruke tiden til å minnes det som hadde vært, eller skulle han prøve å skape noe nytt, noe som kunne gi livet hans en ny mening?

Martin visste ikke svaret. Han visste bare at han ønsket å leve hver dag som om det var hans siste. Det var ikke et spørsmål om å finne mening lenger, det var et spørsmål om å oppleve. Og i skumringen av Sølvkysten, mens han satt på den gamle benken og så utover havet, visste han at det var alt han trengte.

In the Twilight of the Silver Coast

It was one of those evenings when the sea is a quiet, deep blue, and the sky has lost itself in the pot of the sunset. Martin sat alone on an old, weathered bench at the dock's edge. It was that time of year when all the lights on the dock were turned off, and the whole place was enveloped in a calm that only the few locals knew to appreciate.

Martin had been in the town for fifty years. He had always loved the small place, and the small place had always loved him back, in its own ways. The town had its secrets, its small tragedies and triumphs, and Martin had witnessed them all. But tonight, he was not thinking of any of these stories. He simply wished to be alone with his thoughts.

He thought of the old days, those days when life was simpler, when each day was filled with the anticipation of something new. He had once been young, filled with dreams of distant lands and grand adventures. Now he was old, and all his dreams had become memories, like the tower across the dock, covered with algae and shells, painted with gold by the sunset.

It was on one of these old boats that Martin had spent most of his life, fishing, searching for something that could keep him alive. It had been many years since he had had a real catch. Now he went out to sea just to keep moving, to feel the wind against his face, to remember what it was like to be free.

As night fell and the stars began to shine, Martin thought about what he would do with what was left of his life. He didn't have much left, maybe just a couple of years, but it was something to consider. Should he spend his time reminiscing about what had been, or should he try to create something new, something that could give his life a new meaning?

Martin did not know the answer. He only knew that he wanted to live each day as if it were his last. It was no longer a question of finding meaning; it was a question of experiencing. And in the twilight of the Silver Coast, as he sat on the old bench and looked out at the sea, he knew that was all he needed.

Hvitfisk og Tapte Drømmer

———

Havet hadde en dyp blå farge som nesten var svart når solen begynte å gå ned. Det var en av de stille kveldene hvor vinden nesten var fraværende, og kun lyden av bølgene som brøt mot fjellet fylte luften. Lars satt alene i den lille fiskebåten sin, "Havblikk", og så utover horisonten. Han hadde tilbrakt mer enn tretti år på denne båten, og det var ikke et sted han var villig til å gi slipp på, selv om det var på vei til å bli en del av fortiden hans.

Lars hadde vært fisker hele livet. Han hadde vokst opp i en liten bygd ved kysten, en bygd som var stor nok til å ha alt han trengte, men liten nok til å få ham til å føle seg innesperret. Da han var ung, hadde han drømt om å reise til fjerne steder, om å oppleve eventyr som var større enn det lille livet han levde. Men livet hadde sin egen måte å begrense drømmene på. Nå var han gammel, og drømmene hans var blitt til minner som han slet med å huske.

Hver dag begynte han tidlig, før solen steg opp, og han fisket i flere timer før han kom tilbake til land. Det var en rutine som var blitt en del av ham, en del av livet hans. Når han var ute på sjøen, var det som om tiden hadde en annen rytme. Han kunne være alene med tankene sine, uten forstyrrelser fra verden som han hadde forlatt på land.

I kveld var det et spesielt lys som skinte over havet. Det var et lys som minnet ham om de gamle dagene, om kveldene da han hadde vært ung og full av håp. Han husket hvordan han og vennene hans hadde snakket om å reise til nye steder, om å oppleve eventyr og finne rikdom. De hadde gjort løfter om å dra til steder langt borte, men ingen av dem hadde noen gang gjort det. Nå var vennene hans borte, enten tatt av havet eller av tidens gang.

Lars satte seg ned på den gamle, slitte krakken ved fordekket og tok opp en liten flaske med brennevin som han hadde tatt med seg. Han tok en slurk, og smaken av alkohol brant nedover halsen hans. Det var en velkjent følelse, en som hadde blitt en del av kveldens rutine. Han så på bølgene som rullet innover stranden, og tankene hans vandret til tiden da han var ung og hadde store drømmer.

Han husket spesielt en kveld, mange år tilbake, da han hadde sittet på samme plass og planlagt å reise til den andre siden av verden. Han hadde hatt et kart foran seg, fylt med navn på fjerne steder som han hadde lest om i bøker. Han hadde snakket om å dra til Afrika, til Amerika, til steder han ikke engang kunne uttale riktig. Men livet hadde en måte å sette en stopper for slike drømmer. Når man har ansvar, når man har forpliktelser, blir drømmene utvannet av realitetens krav.

Lars så på det gamle fiskegarnet som lå ved føttene hans. Det var slitt og fylt med minner om mange år med fiske. Han visste at han skulle bytte det ut en dag, men det var som om det gamle garnet hadde blitt en del av ham, en del av historien hans. Han trakk pusten dypt og så opp på himmelen. Det var en klar, stjerneklar natt, og han kunne nesten føle de tapte drømmene hans sveve over hodet hans.

Da han så ned igjen, la han merke til en liten, lysende flekk langt borte på horisonten. Det var et annet skip, et som kanskje også var ute for å fiske eller kanskje bare for å nyte en stille kveld til sjøs. Lars tenkte på hva det ville vært å være på det skipet, å dra til et sted han aldri hadde vært før, å oppleve noe nytt. Men han visste at det var en tanke som aldri ville bli realisert. Han var bundet til havet, til denne lille båten og denne lille byen som han hadde kjent hele sitt liv.

Kvelden ble til natt, og Lars begynte å pakke sammen. Han rullet opp garnet og sørget for at alt var på plass før han startet motoren på båten. Det var på tide å dra hjem, til den lille, enkle hytten hans ved stranden. Han visste at det ikke var mye som ventet ham der, bare et ensomt rom med en seng og et bord. Men det var hans hjem, og det var der han hadde tilbrakt så mange år.

Når han nærmet seg bryggen, kunne han se lyset fra husene langs kysten. Det var et kjent syn, et som alltid fikk ham til å føle en viss trygghet. Selv om han hadde mange minner om tapte drømmer, hadde han også et liv som var hans eget, fullt av små øyeblikk som gjorde det verdt å leve. Han hadde aldri oppnådd det store eventyret han hadde drømt om, men han hadde opplevd noe annet, noe som var like verdifullt.

Lars la til ved bryggen og slo av motoren. Han gikk langsomt opp til hytten sin, trøtt men tilfreds. Når han kom inn, satte han seg ned ved bordet og så ut av vinduet mot havet. Han tenkte på dagen som hadde vært, på minnene som hadde dukket opp. Han visste at han hadde levd et liv fylt med både tap og triumfer, men han hadde også levd et liv som var fullt av enkel glede.

Han tenkte på hvordan han i kveld hadde sittet alene på båten sin og reflektert over livet sitt. Det hadde vært en stille kveld, fylt med tanker om det som hadde vært og det som kunne ha vært. Men nå, som han satt ved bordet sitt, var det som om alle de tapte drømmene hadde blitt til en slags fred. Han hadde akseptert at livet hans ikke hadde vært fylt med de store eventyrene han hadde drømt om, men det hadde vært et liv fullt av små, enkle øyeblikk som var blitt hans egen form for rikdom.

Når natten ble dypere, og lyset fra husene langs kysten begynte å falme, visste Lars at han hadde funnet noe som var viktigere enn de store drømmene han hadde hatt. Han hadde funnet ro i det enkle livet sitt, i de små øyeblikkene som gjorde hver dag verdt å leve. Og det var nok. Han hadde levd et liv som var hans eget, fullt av både hvitfisk og tapte drømmer.

Whitefish and Lost Dreams

The sea had a deep blue color that was almost black as the sun began to set. It was one of those quiet evenings when the wind was nearly absent, and only the sound of waves breaking against the cliffs filled the air. Lars sat alone in his small fishing boat, "Sea Glance," looking out over the horizon. He had spent more than thirty years on this boat, and it was not a place he was willing to let go of, even though it was becoming part of his past.

Lars had been a fisherman his whole life. He had grown up in a small coastal village, a village that was big enough to have everything he needed but small enough to make him feel trapped. When he was young, he had dreamed of traveling to distant places, of experiencing adventures greater than the small life he lived. But life had its own way of limiting dreams. Now he was old, and his dreams had turned into memories that he struggled to recall.

Every day he started early, before the sun rose, and he fished for several hours before returning to land. It was a routine that had become part of him, part of his life. When he was out at sea, time seemed to follow a different rhythm. He could be alone with his thoughts, undisturbed by the world he had left behind on land.

Tonight, there was a special light shining over the sea. It was a light that reminded him of the old days, of the evenings when he had been young and full of hope. He remembered how he and his friends had talked about traveling to new places, about experiencing adventures and finding riches. They had made promises to go to far-off places, but none of them had ever done it. Now his friends were gone, either taken by the sea or by the passage of time.

Lars sat down on the old, worn stool at the deck and took out a small bottle of spirits he had brought with him. He took a swig, and the taste of alcohol burned down his throat. It was a familiar feeling, one that had become part of the evening's routine. He watched the waves rolling onto the shore, and his thoughts wandered back to the time when he was young and had big dreams.

He especially remembered one evening, many years ago, when he had sat in the same spot and planned to travel to the other side of the world. He had had a map in front of him, filled with names of distant places he had read about in books. He had talked about going to Africa, to America, to places he couldn't even pronounce correctly. But life had a way of putting a stop to such dreams. When you have responsibilities, when you have obligations, dreams get diluted by the demands of reality.

Lars looked at the old fishing net lying at his feet. It was worn and filled with memories of many years of fishing. He knew he would replace it someday, but it was as if the old net had become part of him, part of his history. He took a deep breath and looked up at the sky. It was a clear, starry night, and he could almost feel his lost dreams floating above him.

When he looked down again, he noticed a small, glowing spot far away on the horizon. It was another ship, perhaps also out fishing or maybe just enjoying a quiet evening at sea. Lars wondered what it would be like to be on that ship, to go to a place he had never been before, to experience something new. But he knew it was a thought that would never be realized. He was bound to the sea, to this small boat and this small town that he had known his whole life.

The evening turned into night, and Lars began to pack up. He rolled up the net and made sure everything was in place before starting the boat's engine. It was time to head home, to the small, simple cabin by the shore. He knew there wasn't much waiting for him there, just a lonely room with a bed and a table. But it was his home, and it was where he had spent so many years.

As he approached the dock, he could see the lights from the houses along the coast. It was a familiar sight, one that always gave him a sense of comfort. Even though he had many memories of lost dreams, he also had a life that was his own, filled with small moments that made it worth living. He had never achieved the great adventure he had dreamed of, but he had experienced something else, something equally valuable.

Lars docked the boat and turned off the engine. He walked slowly up to his cabin, tired but content. When he got inside, he sat at the table and looked out the window toward the sea. He thought about the day that had been, about the memories that had surfaced. He knew he had lived a life filled with both losses and triumphs, but he had also lived a life full of simple joys.

He thought about how he had sat alone on his boat tonight, reflecting on his life. It had been a quiet evening, filled with thoughts of what had been and what might have been. But now, as he sat at his table, it was as if all the lost dreams had turned into a kind of peace. He had accepted that his life had not been filled with the grand adventures he had dreamed of, but it had been a life full of small, simple moments that had become his own form of wealth.

As the night grew deeper, and the lights from the houses along the coast began to fade, Lars knew that he had found something more important than the grand dreams he had once had. He had found peace in his simple life, in the small moments that made each day worth living. And that was enough. He had lived a life that was his own, full of both whitefish and lost dreams.

En Vinterdag ved Fjorden

Det var en av de kalde vinterdagene hvor fjorden lå som et speil, stille og ubrutt. Sola hadde knapt kommet over fjellene, og lyset var svakt, som om det var trukket gjennom et tynt slør. Ørnulf sto på bryggekanten og så utover vannet. Han hadde vært her mange ganger før, og likevel føltes det alltid nytt. Han visste ikke om det var fordi han alltid kom tilbake eller fordi stedet alltid var det samme, mens alt annet forandret seg rundt ham.

Ørnulf hadde vært fisker hele sitt liv. Han hadde vokst opp i en liten bygd ved fjorden, en bygd som var så liten at alle kjente alle. Livet hans hadde vært fylt med rutiner og vaner, enkle gleder og harde arbeidsdager. Nå, i sin alderdom, var det som om alt hadde blitt redusert til et stille ritual. Han kom ut for å fiske, selv om det sjelden ble til noen fangst. For Ørnulf var det ikke fangsten som var viktig, men selve det å være ute på fjorden, alene med tankene sine.

Dagen var fylt med en ro som bare vinteren kan bringe. Vinden var svak, og det var som om verden hadde trukket pusten og ventet. Ørnulf tok opp en liten termos med kaffe fra sekken sin og helte opp en kopp. Han satt ned på en benk ved bryggen, tok en slurk av den varme drikken, og så ut over fjorden. Kaffen var bitter, men det var en kjent bitterhet, en som minnet ham om mange år med både gode og dårlige minner.

Han tenkte på livet sitt, på de mange årene som hadde gått. Han hadde aldri reist langt unna bygda. Det hadde ikke vært fordi han ikke hadde ønsket det, men fordi livet hadde en måte å binde deg til det du kjenner. Han hadde vært gift en gang, men konen hans var død for mange år siden. Han hadde ikke barn, ingen å overlate minnene sine til. Nå var han alene, og livet hans var en sekvens av vinterdager som denne.

Ørnulf så på det lille fiskebordet sitt som lå på bakken. Det var gammelt og slitt, men det hadde vært med ham i mange år. Han husket da han hadde laget det, en sommerdag mange år tidligere, da han hadde vært full av håp og energi. Nå var det bare en påminnelse om hvor mye som hadde forandret seg. Han reiste seg og begynte å klargjøre utstyret sitt, en prosess som var nesten like kjent som hans eget åndedrett.

Det var en stor fiskedag i dag, selv om det ikke virket som om det ville bli det. Vannet var stille, og det var ikke mange tegn til liv under overflaten. Ørnulf kastet ut nettet, en bevegelse han hadde gjort tusen ganger før. Han satt og ventet, den tålmodigheten som hadde blitt hans beste venn gjennom årene. Mens han ventet, tenkte han på alle de gangene han hadde kastet ut nettet og fått det tilbake fylt med fisk. Det hadde vært en tid da han hadde følt at han kunne fange alt havet hadde å tilby, men de tider var forbi.

Mens han satt der, begynte han å merke en endring i lyset. Det var som om solen, som nesten ikke var til stede, endret seg litt, og kastet et svakt lys over fjorden. Han visste at det snart ville bli mørkt, og han begynte å pakke sammen utstyret sitt. Han hadde ikke fått noe i dag, men det var ikke uvanlig. Noen ganger var det slik, og det var en del av livet.

På vei tilbake til hytten sin, som lå en liten avstand fra bryggen, begynte Ørnulf å tenke på hvordan livet hans hadde utviklet seg. Det hadde vært enkle dager, fylt med rutiner og arbeidsoppgaver. Han hadde aldri hatt store drømmer, aldri ønsket å gjøre noe annet enn det han hadde gjort hele livet. Men nå, i sin eldre alder, begynte han å føle en form for lengsel, en lengsel etter noe han ikke helt kunne definere.

Han kom hjem til hytten sin, en liten, enkel bygning laget av tre. Det var et sted som hadde vært hans hjem i mange år, og det var fylt med minner om et liv som hadde vært både fylt med glede og sorg. Han satte seg ned ved det lille kjøkkenbordet, hvor det fortsatt sto en krakk han hadde laget selv. Det var en del av livet hans, en del av alt han hadde bygd opp rundt seg.

Mens han satt der, begynte han å tenke på de små øyeblikkene som hadde vært viktige for ham. Øyeblikkene med konen sin, øyeblikkene med venner og familie. Han hadde ikke mye igjen, bare de små minnene som hadde blitt igjen etter mange år. Han tenkte på hva som ville skje med disse minnene når han ikke lenger var her. Ville de bli glemt, eller ville de leve videre gjennom andre?

Ørnulf visste ikke svaret. Han visste bare at han ønsket å finne en form for fred, en form for tilfredshet med det livet han hadde levd. Han visste at han hadde gjort det beste han kunne med det han hadde, og det var alt han kunne håpe på. Når natten kom, og lyset fra de få husene i bygda begynte å slokne, følte han en form for ro som han ikke hadde kjent på lenge.

Han gikk til sengs med tankene om dagen som hadde vært. Han visste at han ikke hadde fått noe i dag, men det var ikke det som betydde mest. Det som betydde mest var det enkle livet han hadde levd, fylt med små øyeblikk av lykke og tilfredshet. Han hadde aldri oppnådd de store drømmene han hadde hatt, men han hadde opplevd noe annet, noe som var like verdifullt.

Når han la hodet på puten, begynte han å tenke på hva som ventet ham. Han visste at det ikke var mye igjen av livet hans, men det var nok. Han hadde levd et liv som var hans eget, fylt med både små gleder og tapte drømmer. Og i det stille rommet, med den svake lyden av vinden som blåste utenfor, visste han at han hadde funnet en form for fred, en form for tilfredshet med det livet han hadde hatt.

A Winter's Day by the Fjord

It was one of those cold winter days when the fjord lay like a mirror, still and unbroken. The sun had barely risen above the mountains, and the light was faint, as if it were filtered through a thin veil. Ørnulf stood at the dock and looked out over the water. He had been here many times before, and yet it always felt new. He didn't know if it was because he kept coming back or because the place remained the same while everything else changed around him.

Ørnulf had been a fisherman his whole life. He had grown up in a small village by the fjord, a village so small that everyone knew everyone. His life had been filled with routines and habits, simple pleasures and hard work. Now, in his old age, it was as if everything had been reduced to a quiet ritual. He came out to fish, even though there was rarely much of a catch. For Ørnulf, it wasn't the catch that mattered, but being out on the fjord, alone with his thoughts.

The day was filled with a tranquility that only winter could bring. The wind was weak, and it was as if the world had held its breath and was waiting. Ørnulf pulled out a small thermos of coffee from his bag and poured himself a cup. He sat down on a bench by the dock, took a sip of the warm drink, and looked out over the fjord. The coffee was bitter, but it was a familiar bitterness, one that reminded him of many years filled with both good and bad memories.

He thought about his life, about the many years that had passed. He had never traveled far from the village. It wasn't that he hadn't wanted to, but life had a way of tying you to what you know. He had been married once, but his wife had died many years ago. He had no children, no one to leave his memories to. Now he was alone, and his life was a sequence of winter days like this one.

Ørnulf looked at the small fishing table lying on the ground. It was old and worn, but it had been with him for many years. He remembered making it on a summer day many years earlier when he had been full of hope and energy. Now it was just a reminder of how much had changed. He stood up and began preparing his gear, a process almost as familiar as his own breathing.

It was a big fishing day today, even though it didn't seem like it would be. The water was still, and there were few signs of life beneath the surface. Ørnulf cast out his net, a movement he had made a thousand times before. He sat and waited, the patience that had become his best friend over the years. While he waited, he thought about all the times he had cast out the net and brought it back filled with fish. There was a time when he felt he could catch everything the sea had to offer, but those times were gone.

As he sat there, he began to notice a change in the light. It was as if the sun, which was barely present, shifted a bit and cast a faint light over the fjord. He knew it would soon be dark, and he began to pack up his gear. He hadn't caught anything today, but that wasn't unusual. Sometimes it was like that, and it was part of life.

On his way back to his cabin, a short distance from the dock, Ørnulf began to think about how his life had unfolded. It had been simple days, filled with routines and tasks. He had never had grand dreams, never wanted to do anything other than what he had done all his life. But now, in his old age, he began to feel a kind of longing, a longing for something he couldn't quite define.

He arrived at his cabin, a small, simple wooden building. It was a place that had been his home for many years, filled with memories of a life that had been both joyful and sorrowful. He sat down at the small kitchen table, where there was still a stool he had made himself. It was part of his life, part of everything he had built around himself.

As he sat there, he began to think about the small moments that had been important to him. Moments with his wife, moments with friends and family. He didn't have much left, just the small memories that had remained after many years. He wondered what would happen to these memories when he was no longer here. Would they be forgotten, or would they live on through others?

Ørnulf didn't know the answer. He only knew that he wanted to find a form of peace, a sense of contentment with the life he had lived. He knew he had done the best he could with what he had, and that was all he could hope for. As night fell and the lights from the few houses in the village began to dim, he felt a sense of calm he hadn't known for a long time.

He went to bed with thoughts of the day that had been. He knew he hadn't caught anything today, but that wasn't what mattered most. What mattered most was the simple life he had lived, filled with small moments of happiness and contentment. He had never achieved the grand dreams he had once had, but he had experienced something else, something equally valuable.

As he laid his head on the pillow, he began to think about what awaited him. He knew there wasn't much left of his life, but it was enough. He had lived a life that was his own, filled with both small joys and lost dreams. And in the quiet room, with the faint sound of the wind blowing outside, he knew he had found a form of peace, a sense of contentment with the life he had had.

Isblomster ved Sjøen

Sola hadde knapt brutt over horisonten da Erik sto opp fra sengen. Det var en av de kalde, klare vintermorgenene i en liten bygd ved sjøen, hvor luften var så tynn at den nesten føltes som et glass av frost. Erik trakk på seg de varme ullklærne sine og pakket inn den gamle, slitne frakken som hadde vært med ham i mange år. Han visste at dagen ville bli lang, men også velkjent. Livet hans hadde alltid vært knyttet til sjøen, og hver dag var en reise tilbake til noe kjent.

Det var den tiden av året da sjøen frøs til is, og Erik var ute for å ta vare på fiskebåten sin. Det var en tradisjon han hadde fulgt i mange år, en form for respekt for den stille og harde naturen som omga ham. Når isen begynte å danne seg, ble det nødvendig å passe på at båten hans ikke ble skadet, og denne vinteren var ikke noe unntak.

Han trasket ned til havnen, som lå stille og fortryllet under det tidlige morgenlyset. Det var ikke et sted hvor folk ofte ferdes om vinteren, men Erik likte det slik. Det var en tid for refleksjon og forberedelse, en tid hvor sjøen var i dvale, og hvor menneskene fikk tid til å tenke på alt det som hadde vært og alt som skulle komme.

Havnen var dekket av et tynt lag is, og Erik måtte forsiktig tråkke seg over det glatte underlaget for å nå båten sin. Han visste at han måtte være forsiktig, for isen kunne være skjør, og et fall kunne være farlig. Den gamle båten hans, "Nordlys," lå stille ved kaien, og det var som om den også ventet på den dagen da sjøen ville bli vakker igjen. Erik kikket på båten med et blikk som var både kjent og kjært, et blikk fylt med minner om mange år til sjøs.

Erik begynte å undersøke båten, sørge for at den var i orden før han skulle sette seg ned med et krus kaffe ved bryggen. Han visste at han måtte holde seg varm, for vinteren kunne være ubarmhjertig. Når han jobbet, kunne han miste følelsen i fingrene, og det var en følelse som var både vond og kjent. Men samtidig var det en følelse av tilfredshet, av at han gjorde noe som var viktig for ham.

Han satte seg ned med kaffekruset sitt og så utover sjøen. Det var en stillhet som var både beroligende og forlokkende. Erik hadde alltid hatt en forbindelse til sjøen, en følelse av at det var en del av ham. Han hadde vokst opp her, og sjøen hadde vært en konstant i livet hans. Selv om han hadde reist en del i løpet av årene, hadde han alltid kommet tilbake hit, til dette stedet som var hans hjem.

Morgenen ble til formiddag, og Erik begynte å jobbe med båten. Han skrubbet skroget og sjekket at alt var i orden. Det var en form for meditativ rutine, en rutine som gjorde at han kunne tenke på livet sitt og på alt det som hadde skjedd. Han tenkte på årene som hadde gått, på de mange fisketurene han hadde hatt, og på alle de menneskene han hadde møtt. Livet hadde ikke alltid vært lett, men sjøen hadde alltid vært der for ham.

Erik hadde aldri hatt mange venner. Han hadde alltid vært en ensom mann, en som var mer komfortabel med sitt eget selskap enn med andres. Han hadde vært gift en gang, men ekteskapet hans hadde endt i skilsmisse. Konen hans hadde vært en del av livet hans, men hun hadde valgt å dra til et annet sted, til et liv som var annerledes enn det han hadde kjent. Det var en sorg han hadde båret alene, en sorg som hadde blitt en del av ham.

Mens Erik jobbet, begynte han å merke at lyset begynte å endre seg. Det var som om solen, som hadde vært lav på himmelen, begynte å stige høyere. Han visste at det snart ville bli lysere, og han begynte å tenke på hvordan dagen skulle utvikle seg. Han hadde ingen spesifikke planer, ingen spesielle steder å dra til. Alt han ønsket var å tilbringe dagen ute på sjøen, å være i nærheten av det som var kjent for ham.

Når formiddagen ble til ettermiddag, bestemte Erik seg for å ta en pause og gå en tur langs stranden. Han pakket ned en liten matpakke og begynte å gå langs den frosne kysten. Stranden var dekket av et tynt lag snø, og luften var så klar at hver pust føltes som en liten eksplosjon av friskhet. Erik gikk langsomt, og hvert skritt han tok ble fylt med en følelse av ro.

Han visste at han var alene, men det var en form for ensomhet som han hadde blitt vant til. Det var en ensomhet som var en del av livet hans, en ensomhet som han hadde akseptert som en del av det han var. Mens han gikk, tenkte han på alt han hadde oppnådd, på alt han hadde mistet, og på alt han hadde igjen. Han hadde levd et liv fylt med både lykke og sorg, og han visste at det var det livet hans var, et liv fullt av motsetninger.

På et tidspunkt så han et lite spor av isblomster som hadde vokst opp fra snøen. De var vakre, skjøre, og likevel sterke. Det var som om de var en symbolsk representasjon av hans eget liv, en påminnelse om at selv i de kaldeste og mest ubeleilige tidene kunne det finnes skjønnhet og styrke. Erik stoppet opp og så på blomstene, og en følelse av takknemlighet fylte ham. Han hadde alltid hatt en respekt for naturen, for dens evne til å overvinne vanskeligheter og til å finne sitt eget sted i verden.

Da Erik kom tilbake til hytten sin, begynte han å forberede kveldsmaten. Han hadde ikke mye, bare enkle ingredienser som han hadde fått fra den lokale butikken. Det var ikke noe spesielt, men det var nok. Han satte seg ned ved det lille spisebordet sitt og begynte å spise i stillhet. Mens han spiste, tenkte han på dagen, på alt han hadde gjort, og på alt han hadde opplevd.

Middagen var enkel, men det var en tilfredshet i å spise noe som var laget med egne hender. Erik følte en form for ro som han ikke alltid opplevde, en ro som kom fra å vite at han hadde gjort det beste han kunne med det han hadde. Når han var ferdig med måltidet, satte han seg ned i den gamle lenestolen sin og så ut gjennom vinduet. Det var en klar, stjerneklar natt, og han kunne se lysene fra de få husene i nærheten.

Øynene hans falt på det gamle fotografiet som hang på veggen, et bilde av ham og konen hans på deres bryllupsdag. Det var et bilde som var fylt med minner, både gode og dårlige. Han hadde elsket konen sin, men livet hadde tatt en annen retning enn det han hadde forventet. Nå var hun borte, og alt som var igjen var bildene og minnene.

Erik la hodet tilbake og tenkte på hva som ventet ham. Han visste at det ikke var mye tid igjen i livet hans, men han hadde gjort det beste han kunne. Han hadde levd et liv som var hans eget, fylt med både små gleder og store sorger. Og i den stille natten, med stjernene som blinket utenfor, følte han en form for tilfredshet med det livet han hadde hatt.

Når natten ble dypere, visste Erik at han snart måtte gå til sengs. Han hadde en annen dag foran seg, en annen dag fylt med rutiner og vaner. Men han visste at det var en del av livet hans, en del av det som gjorde hvert øyeblikk verdt å leve. Han hadde levd et liv som var hans eget, og det var nok. Han hadde lært å finne skjønnhet i de små tingene, i de stille øyeblikkene som gjorde hvert øyeblikk spesielt.

Med tankene om dagen som hadde vært, og med en følelse av ro og tilfredshet, la Erik seg ned for å sove. Han visste at han ikke hadde mye igjen av livet sitt, men han hadde gjort det beste han kunne med det han hadde. Og det var nok. Han hadde funnet en form for fred i det enkle livet han hadde levd, og det var alt han kunne håpe på.

Ice Flowers by the Sea

———

The sun had barely broken over the horizon when Erik rose from his bed. It was one of those cold, clear winter mornings in a small village by the sea, where the air was so thin it felt almost like a pane of frost. Erik pulled on his warm woolen clothes and wrapped himself in the old, worn coat that had been with him for many years. He knew the day would be long, but also familiar. His life had always been tied to the sea, and each day was a return to something known.

It was that time of year when the sea froze over with ice, and Erik was out to take care of his fishing boat. It was a tradition he had followed for many years, a form of respect for the quiet and harsh nature that surrounded him. As the ice began to form, it became necessary to ensure that his boat was not damaged, and this winter was no exception.

He trudged down to the harbor, which lay silent and enchanted under the early morning light. It was not a place where people often ventured in winter, but Erik liked it that way. It was a time for reflection and preparation, a time when the sea was in slumber, and people had the chance to think about all that had been and all that was to come.

The harbor was covered by a thin layer of ice, and Erik had to carefully tread across the slippery surface to reach his boat. He knew he had to be cautious, for the ice could be fragile, and a fall could be dangerous. His old boat, "Nordlys," lay quietly at the dock, and it was as if it too was waiting for the day when the sea would be beautiful again. Erik looked at the boat with a gaze that was both familiar and dear, a gaze filled with memories of many years at sea.

Erik began to inspect the boat, making sure it was in order before he settled down with a cup of coffee by the dock. He knew he had to keep warm, for winter could be relentless. When he worked, he could lose feeling in his fingers, a sensation that was both painful and familiar. But at the same time, it was a feeling of satisfaction, of doing something that was important to him.

He sat down with his coffee and looked out over the sea. There was a stillness that was both soothing and inviting. Erik had always had a connection to the sea, a sense that it was a part of him. He had grown up here, and the sea had been a constant in his life. Even though he had traveled a bit over the years, he had always returned here, to this place that was his home.

Morning turned to afternoon, and Erik began working on the boat. He scrubbed the hull and checked that everything was in order. It was a kind of meditative routine, a routine that allowed him to think about his life and all that had happened. He thought about the years that had passed, the many fishing trips he had taken, and all the people he had met. Life had not always been easy, but the sea had always been there for him.

Erik had never had many friends. He had always been a solitary man, more comfortable with his own company than with others. He had been married once, but his marriage had ended in divorce. His wife had been a part of his life, but she had chosen to go elsewhere, to a life that was different from what he had known. It was a sorrow he had borne alone, a sorrow that had become a part of him.

As Erik worked, he began to notice that the light started to change. It was as if the sun, which had been low in the sky, began to rise higher. He knew it would soon be brighter, and he began to think about how the day would unfold. He had no specific plans, no special places to go. All he wanted was to spend the day by the sea, to be near what was familiar to him.

As the afternoon progressed, Erik decided to take a break and go for a walk along the shore. He packed a small lunch and began walking along the frozen coastline. The beach was covered in a thin layer of snow, and the air was so clear that each breath felt like a small explosion of freshness. Erik walked slowly, and each step he took was filled with a sense of calm.

He knew he was alone, but it was a form of solitude he had grown accustomed to. It was a solitude that was a part of his life, a solitude he had accepted as part of who he was. As he walked, he thought about all he had achieved, all he had lost, and all he still had. He had lived a life filled with both joy and sorrow, and he knew that was what his life was—a life full of contrasts.

At one point, he saw a small patch of ice flowers that had grown up from the snow. They were beautiful, fragile, and yet strong. It was as if they were a symbolic representation of his own life, a reminder that even in the coldest and most inconvenient times, there could be beauty and strength. Erik stopped and looked at the flowers, and a feeling of gratitude filled him. He had always had a respect for nature, for its ability to overcome adversity and find its own place in the world.

When Erik returned to his cabin, he began preparing dinner. He had little, just simple ingredients he had picked up from the local store. It was nothing special, but it was enough. He sat down at his small dining table and began eating in silence. As he ate, he thought about the day, about all he had done, and about all he had experienced.

The meal was simple, but there was a satisfaction in eating something made with his own hands. Erik felt a sense of peace he did not always experience, a peace that came from knowing he had done the best he could with what he had. When he finished his meal, he settled into his old armchair and looked out the window. It was a clear, starry night, and he could see the lights from the few houses nearby.

His eyes fell on the old photograph hanging on the wall, a picture of him and his wife on their wedding day. It was a picture filled with memories, both good and bad. He had loved his wife, but life had taken a different direction than he had expected. Now she was gone, and all that was left were the pictures and memories.

Erik laid back and thought about what awaited him. He knew there was not much time left in his life, but he had done the best he could. He had lived a life that was his own, filled with both small joys and great sorrows. And in the quiet night, with the stars twinkling outside, he felt a sense of contentment with the life he had had.

As the night grew deeper, Erik knew he would soon need to go to bed. He had another day ahead of him, another day filled with routines and habits. But he knew that was a part of his life, a part of what made each moment worth living. He had lived a life that was his own, and that was enough. He had learned to find beauty in the small things, in the quiet moments that made each moment special.

With thoughts of the day that had been, and with a sense of peace and contentment, Erik went to bed. He knew he did not have much left of his life, but he had done the best he could with what he had. And that was enough. He had found a form of peace in the simple life he had lived, and that was all he could hope for.

Siste Reise til Furuskogen

Morgenens lys kom langsomt til liv gjennom de spinkle, vinterbleke trærne. Lars hadde stått opp før solen, en vane som hadde blitt en del av livet hans. Han var en mann med en stillferdig ro, en som hadde tilbrakt sitt liv med å arbeide med skogen og som nå var på vei for å fullføre en siste oppgave før vinteren virkelig grep tak i landskapet.

Han trakk på seg de slitne, men varme klærne sine, pakket inn det lille, gamle kartet han hadde brukt i mange år, og gikk ut av den lille hytten. Hytten, med sine råder som hadde blitt krummet av tidens gang, sto alene ved kanten av Furuskogen. Det var en plass han hadde kjent i mange år, en plass han hadde elsket og respektert. Nå var det på tide å si farvel.

Det var stille i skogen. Bare lyden av Lars' støvler som knaste mot den frosne bakken brøt stillheten. Han hadde valgt å gå til en del av skogen som han ikke hadde besøkt på mange år. Det var et sted han hadde reist til i sin ungdom, da han var full av drømmer og håp. Nå var han eldre, og mange av de drømmene hadde blitt til minner.

Lars hadde tilbrakt livet sitt med å hogge tømmer og drive med vedlikehold av skogen. Han hadde alltid vært en mann av få ord, men han hadde hatt en dyptgående forståelse for naturen rundt seg. Det var en forståelse som kom fra år med erfaring, år med å se skogen forvandles med årstidene. Og nå, med vinteren i ferd med å kaste sitt kalde teppe over landskapet, visste han at det var på tide å dra til et sted han ikke hadde sett på lenge.

Han kom til en liten lysning, et område hvor lyset fra solen traff bakken og skapte et mykt, gyldent skjær. Det var et vakkert syn, og Lars stoppet opp for å ta det inn. Han husket at han hadde tilbrakt mange ettermiddager her, sett solnedgangen fra denne lysningen, og tenkt på fremtiden med et håpefullt blikk. Nå, som han sto her alene, visste han at dette var en del av hans fortid, et kapittel som snart skulle lukkes.

Lars satte seg ned på en gammel stein, en stein som hadde vært vitne til mange av hans tanker og refleksjoner. Han trakk frem den lille lommenøkkelen sin og begynte å studere kartet. Kartet var falmet og slitt, men det var fortsatt i stand til å vise vei. Han hadde brukt det til å navigere gjennom skogen i mange år, og nå var det på tide å følge det en siste gang.

Han reiste seg opp og begynte å gå mot et punkt på kartet som han hadde merket seg. Det var en gammel, bortgjemt del av skogen som han hadde tenkt på som et symbol på det han hadde oppnådd i løpet av livet sitt. Det var her han hadde hatt sine største triumfer og sine største utfordringer. Nå skulle han se det en siste gang før han forlot det.

Skogen ble tettere etter hvert som han nærmet seg målet sitt. Trærne var høye og tette, og lyset fra solen ble filtrert gjennom de mange lagene av grener. Det var en følelse av ro, men også en følelse av å være en del av noe større. Lars hadde alltid følt en dyp forbindelse til naturen, og denne dagen var ikke annerledes.

Da han kom til målet sitt, så han en gammel, vakker furutre som sto alene i skogen. Det var et tre som hadde stått der i mange år, et tre som hadde vært vitne til mange av hans egne kamper og seire. Lars nærmet seg treet med respekt, og han la en hånd på barken. Han visste at dette treet hadde vært en del av hans liv på en måte som få andre hadde vært.

Lars satte seg ned ved foten av treet og begynte å tenke på alt han hadde opplevd. Han tenkte på årene med hardt arbeid, på utfordringene han hadde møtt, og på alle de menneskene han hadde kjent. Livet hans hadde vært fylt med både arbeid og glede, men nå begynte han å føle at det var på tide å si farvel til det han hadde kjent.

Han trakk frem en liten bok fra lommen og begynte å skrive. Det var en bok han hadde brukt til å skrive ned tanker og minner, små historier fra livet hans. Han skrev ned hva dette treet hadde betydd for ham, og hvordan det hadde vært en del av hans reise. Han skrev om alle de tidene han hadde tilbrakt under dette treet, om alle de tankene og refleksjonene han hadde hatt. Det var en form for avslutning, en måte å si farvel på.

Mens han skrev, begynte mørket å falle. Han visste at det snart ville bli for mørkt til å se, og han begynte å pakke sammen. Han hadde ikke mer tid til å tilbringe her, men han følte en form for fred med det han hadde gjort. Han hadde sagt farvel til et sted som hadde vært viktig for ham, og han hadde skrevet ned sine tanker for å ta med seg videre.

Da han kom tilbake til hytten, var det allerede mørkt. Han tenkte på alle de årene han hadde tilbrakt her, og han følte en blanding av sorg og takknemlighet. Han hadde levd et liv som var fylt med både harde tider og gode stunder, og han visste at det var en del av det som hadde gjort ham til den han var. Nå, med natten som omfavnet landskapet, følte han en form for ro.

Lars lagde seg en enkel middag, og mens han spiste, tenkte han på de små øyeblikkene som hadde vært viktige for ham. Det var de små tingene som hadde gjort livet hans verdt å leve, de små øyeblikkene av glede og tilfredshet. Han hadde ikke alltid hatt mye, men han hadde hatt det han trengte. Han hadde hatt et liv fylt med mening og formål.

Når han var ferdig med middagen, satte han seg ned i den gamle lenestolen sin og så ut gjennom vinduet. Snøen begynte å falle, og det var som om landskapet ble kledd i et nytt lag av fred. Lars visste at det snart ville bli en ny dag, men han følte en form for avslutning på denne dagen. Han hadde sagt farvel til skogen, til et kapittel av livet sitt som han hadde elsket.

Med tankene om dagen som hadde vært, og med en følelse av takknemlighet, la Lars seg ned for å sove. Han visste at det ikke var mye tid igjen i livet hans, men han hadde gjort det beste han kunne med det han hadde. Og det var nok. Han hadde funnet en form for fred i det enkle livet han hadde levd, og han visste at det var alt han kunne håpe på.

The Final Journey to Pine Forest

The morning light slowly came to life through the slender, winter-pale trees. Lars had risen before the sun, a habit that had become part of his life. He was a man of quiet calm, someone who had spent his life working with the forest and was now on his way to complete a final task before winter truly took hold of the landscape.

He pulled on his worn but warm clothes, wrapped up the small, old map he had used for many years, and stepped out of the small cabin. The cabin, with its timbers bent by the passage of time, stood alone at the edge of Pine Forest. It was a place he had known for many years, a place he had loved and respected. Now it was time to say goodbye.

The forest was silent. Only the sound of Lars' boots crunching on the frozen ground broke the silence. He had chosen to walk to a part of the forest he hadn't visited in many years. It was a place he had traveled to in his youth, when he was full of dreams and hopes. Now he was older, and many of those dreams had turned into memories.

Lars had spent his life logging and maintaining the forest. He had always been a man of few words, but he had a profound understanding of the nature around him. It was an understanding that came from years of experience, years of watching the forest transform with the seasons. And now, with winter about to cast its cold blanket over the landscape, he knew it was time to visit a place he hadn't seen in a long time.

He arrived at a small clearing, an area where sunlight hit the ground and created a soft, golden glow. It was a beautiful sight, and Lars stopped to take it in. He remembered spending many afternoons here, watching the sunset from this clearing, and thinking about the future with a hopeful gaze. Now, as he stood there alone, he knew this was part of his past, a chapter soon to be closed.

Lars sat down on an old stone, a stone that had been a witness to many of his thoughts and reflections. He pulled out his small pocket notebook and began studying the map. The map was faded and worn, but it still showed the way. He had used it to navigate the forest for many years, and now it was time to follow it one last time.

He stood up and began walking towards a point on the map he had marked. It was an old, hidden part of the forest that he had thought of as a symbol of what he had achieved throughout his life. It was here he had experienced his greatest triumphs and his greatest challenges. Now he would see it one last time before he left.

The forest grew denser as he approached his destination. The trees were tall and thick, and sunlight was filtered through the many layers of branches. There was a sense of calm, but also a feeling of being part of something larger. Lars had always felt a deep connection to nature, and this day was no different.

When he arrived at his destination, he saw an old, beautiful pine tree standing alone in the forest. It was a tree that had been there for many years, a tree that had witnessed many of his own struggles and victories. Lars approached the tree with respect and laid a hand on the bark. He knew this tree had been part of his life in a way few others had.

Lars sat down at the base of the tree and began to think about everything he had experienced. He thought about the years of hard work, the challenges he had faced, and all the people he had known. His life had been filled with both work and joy, but now he felt it was time to say goodbye to what he had known.

He pulled out a small book from his pocket and began to write. It was a book he had used to jot down thoughts and memories, small stories from his life. He wrote about what this tree had meant to him, and how it had been part of his journey. He wrote about all the times he had spent under this tree, about all the thoughts and reflections he had had. It was a form of closure, a way to say goodbye.

As he wrote, darkness began to fall. He knew it would soon be too dark to see, and he started to pack up. He had no more time to spend here, but he felt a sense of peace with what he had done. He had said goodbye to a place that had been important to him, and he had written down his thoughts to take with him.

When he returned to the cabin, it was already dark. He thought about all the years he had spent there, and he felt a mix of sorrow and gratitude. He had lived a life filled with both hard times and good moments, and he knew it was part of what had made him who he was. Now, with the night enveloping the landscape, he felt a sense of calm.

Lars made himself a simple dinner, and while he ate, he thought about the small moments that had been important to him. It was the small things that had made his life worth living, the small moments of joy and contentment. He had not always had much, but he had had what he needed. He had lived a life filled with meaning and purpose.

When he finished dinner, he settled into his old armchair and looked out the window. Snow began to fall, and it was as if the landscape was being dressed in a new layer of peace. Lars knew a new day would soon come, but he felt a sense of closure to this day. He had said goodbye to the forest, to a chapter of his life that he had cherished.

With thoughts of the day that had been, and with a feeling of gratitude, Lars went to bed. He knew he did not have much time left in his life, but he had done the best he could with what he had. And that was enough. He had found a form of peace in the simple life he had lived, and he knew that was all he could hope for.

Før Skumringen

———

Jens satt på den lave steinmuren som skilte den gamle åkeren fra skogen. Han så ut over landskapet, på de bølgende åsene som strakte seg ut mot horisonten, og på det tidlige kveldsmørket som sakte la seg over dalen. Luften var skarp og kjølig, en påminnelse om at høsten snart ville vike for vinterens harde grep. Han visste at dette kanskje var den siste kvelden han ville tilbringe her, i det som hadde vært hans hjem så lenge han kunne huske.

Han var en mann av få ord, kjent for sin stillhet og sine enkle vaner. Livet hans hadde vært preget av arbeid på gården, med å pleie jorden som hans far og bestefar hadde gjort før ham. Men nå var ting i ferd med å forandre seg. Byen i dalen vokste, og det gamle livet han kjente, ble langsomt borte. Det var ikke lenger behov for menn som ham, som levde av jorden og skogen.

Jens hadde aldri vært en mann som søkte selskap. Han hadde alltid funnet en viss ro i ensomheten, i det monotone arbeidet med å dyrke jorden og ta vare på dyrene. Men denne kvelden, mens han satt alene på steinmuren, kjente han en følelse av tap som han ikke helt kunne sette ord på. Det var som om noe dyrebart glapp ut av hendene hans, noe han aldri ville kunne få tilbake.

Han tok frem pipa si og fylte den med tobakk, et ritual han hadde gjentatt utallige ganger. Med tålmodige hender tente han pipa og sugde inn den varme, velkjente røyken. Den fylte ham med en slags trøst, en følelse av kontinuitet midt i alt det som endret seg. Han så opp mot himmelen, som nå var farget av rødt og gull, og tenkte på hvor mange ganger han hadde sett solen gå ned over de samme åsene.

Jens visste at han snart måtte ta en beslutning. Gården var ikke lenger bærekraftig; det var blitt for vanskelig å klare seg alene. Han var blitt tilbudt penger for jorda, et tilbud han visste at han ikke kunne si nei til. Men tanken på å forlate stedet som hadde vært hjemmet hans hele livet, fylte ham med en dyp uro. Det var som om han mistet en del av seg selv, en del han aldri ville finne igjen.

Mens han satt der og røkte, hørte han lyden av skritt i det tørre gresset bak ham. Det var Anders, naboen hans, en mann på omtrent samme alder som Jens selv. De to hadde kjent hverandre siden barndommen, hadde arbeidet side om side på åkrene, og delt de stille kveldene som denne.

"Du sitter her ennå, ser jeg," sa Anders og satte seg ved siden av ham på steinmuren.

"Ja," svarte Jens kort. Det var ikke nødvendig å si mer. Anders forstod, som alltid.

De to satt i stillhet en stund, delte røyken fra pipene sine og så på den synkende solen. Det var en stillhet som ikke var ubehagelig, men snarere fylt med en slags felles forståelse. De visste begge hva som lå foran dem, og de visste at det ikke var noe de kunne gjøre for å endre det.

"Har du tenkt å ta imot tilbudet?" spurte Anders etter en stund.

"Jeg tror det," svarte Jens. "Det er vel det eneste fornuftige å gjøre."

Anders nikket, som om han hadde forventet svaret. "Det er ikke lett å gi slipp på alt," sa han lavmælt.

"Nei," svarte Jens. "Men jeg har ikke noe valg."

De satt igjen i stillhet, mens mørket krøp nærmere og skyggene fra trærne strakte seg lenger ut over åkrene. Til slutt reiste Anders seg. "Jeg skal gå tilbake til huset," sa han. "Vi ses vel i morgen."

Jens nikket. "Ja, det gjør vi."

Da Anders gikk, ble Jens sittende alene på steinmuren. Han så på landskapet rundt seg, på åkrene som nå lå øde og tomme, på skogen som hadde vært hans ly i så mange år. Han visste at det ikke var noe mer han kunne gjøre. Jorda ville snart tilhøre noen andre, og han ville være en fremmed i sitt eget hjem.

Han tenkte på de tidene da åkrene hadde vært fulle av liv, da han og de andre gårdsarbeiderne hadde jobbet fra soloppgang til solnedgang, og da det hadde vært lyden av latter og prat i den friske luften. Nå var det bare stillhet igjen, og et landskap som ventet på å bli tatt over av noen andre.

Jens slukket pipa og la den tilbake i lommen. Han reiste seg fra steinmuren og begynte å gå mot huset. Det var en kort vei, men hvert skritt føltes tungt, som om han gikk mot noe ukjent og uunngåelig. Da han nådde huset, sto han stille ved døren en stund, før han til slutt åpnet den og gikk inn.

Huset var mørkt og stille, akkurat som det hadde vært de siste årene. Det var lenge siden noen andre hadde bodd her sammen med ham. Han tente en lampe og så seg rundt i rommet. Veggene var fylt med gamle bilder, minner fra et liv som nå virket så fjernt. Han visste at han snart måtte pakke sammen det som var igjen, gjøre klart for at noen andre kunne flytte inn. Men han kunne ikke få seg selv til å begynne ennå.

Jens gikk bort til vinduet og så ut i mørket. Han kunne ikke se noe, men han visste hva som var der ute. Skogen, åkrene, landskapet som hadde vært hele hans verden i så mange år. Nå skulle det bli en del av fortiden. Han kjente en tomhet, en følelse av at noe viktig var tapt. Men samtidig var det en lettelse i å vite at han snart ikke ville trenge å bekymre seg mer.

Han skrudde av lampen og gikk til sengen. Han visste at det ikke ville bli lett å sove, men han visste også at han måtte hvile. I morgen skulle han møte kjøperen, signere papirene, og så ville det hele være over. Jens la seg ned, trakk teppet over seg, og lot tankene drive bort i mørket.

Before Dusk

Jens sat on the low stone wall that separated the old field from the forest. He looked out over the landscape, at the rolling hills that stretched towards the horizon, and at the early evening darkness that slowly settled over the valley. The air was sharp and cool, a reminder that autumn would soon give way to the harsh grip of winter. He knew this might be the last evening he would spend here, in what had been his home for as long as he could remember.

He was a man of few words, known for his silence and simple habits. His life had been marked by work on the farm, tending to the land as his father and grandfather had done before him. But now, things were changing. The town in the valley was growing, and the old life he knew was slowly disappearing. There was no longer a need for men like him, who lived off the land and the forest.

Jens had never been a man who sought company. He had always found a certain peace in solitude, in the monotonous work of cultivating the land and caring for the animals. But this evening, as he sat alone on the stone wall, he felt a sense of loss he could not quite put into words. It was as if something precious was slipping out of his hands, something he would never be able to reclaim.

He took out his pipe and filled it with tobacco, a ritual he had repeated countless times. With patient hands, he lit the pipe and inhaled the warm, familiar smoke. It filled him with a kind of comfort, a feeling of continuity amidst all that was changing. He looked up at the sky, now colored red and gold, and thought about how many times he had watched the sun set over the same hills.

Jens knew he would soon have to make a decision. The farm was no longer sustainable; it had become too difficult to manage alone. He had been offered money for the land, an offer he knew he could not refuse. But the thought of leaving the place that had been his home all his life filled him with a deep unease. It was as if he was losing a part of himself, a part he would never find again.

As he sat there smoking, he heard the sound of footsteps in the dry grass behind him. It was Anders, his neighbor, a man about the same age as Jens himself. The two had known each other since childhood, had worked side by side in the fields, and shared the quiet evenings like this one.

"You're still sitting here, I see," Anders said, sitting down next to him on the stone wall.

"Yes," Jens answered briefly. There was no need to say more. Anders understood, as always.

The two sat in silence for a while, sharing the smoke from their pipes and watching the sinking sun. It was a silence that was not uncomfortable, but rather filled with a kind of mutual understanding. They both knew what lay ahead, and they knew there was nothing they could do to change it.

"Have you decided to take the offer?" Anders asked after a while.

"I think so," Jens replied. "It's probably the only sensible thing to do."

Anders nodded, as if he had expected the answer. "It's not easy to let go of everything," he said softly.

"No," Jens agreed. "But I have no choice."

They sat in silence again, as darkness crept closer and the shadows from the trees stretched further over the fields. Finally, Anders stood up. "I should go back to the house," he said. "See you tomorrow."

Jens nodded. "Yes, we will."

As Anders left, Jens remained seated on the stone wall. He looked at the landscape around him, at the fields that now lay barren and empty, at the forest that had been his refuge for so many years. He knew there was nothing more he could do. The land would soon belong to someone else, and he would be a stranger in his own home.

He thought of the times when the fields had been full of life, when he and the other farm workers had toiled from sunrise to sunset, and when there had been the sound of laughter and chatter in the fresh air. Now, there was only silence left, and a landscape waiting to be taken over by someone else.

Jens extinguished his pipe and put it back in his pocket. He rose from the stone wall and began walking toward the house. It was a short distance, but every step felt heavy, as if he was walking towards something unknown and inevitable. When he reached the house, he stood still at the door for a moment, before finally opening it and stepping inside.

The house was dark and silent, just as it had been for the past few years. It had been a long time since anyone else had lived here with him. He lit a lamp and looked around the room. The walls were filled with old pictures, memories of a life that now seemed so distant. He knew he would soon have to pack up what was left, make ready for someone else to move in. But he couldn't bring himself to start just yet.

Jens walked over to the window and looked out into the darkness. He couldn't see anything, but he knew what was out there. The forest, the fields, the landscape that had been his entire world for so many years. Now it would become a part of the past. He felt an emptiness, a sense that something important had been lost. But at the same time, there was a relief in knowing that soon he would no longer have to worry.

He turned off the lamp and went to bed. He knew it wouldn't be easy to sleep, but he also knew he had to rest. Tomorrow, he would meet the buyer, sign the papers, and then it would all be over. Jens lay down, pulled the blanket over himself, and let his thoughts drift away into the darkness.

Det Siste Toget

Det hadde vært en av de lengste dagene i Olavs liv. Han satt på benken ved den forlatte togstasjonen og kjente på den kalde, bitre vinden som feide over den åpne plassen. Sola var på vei ned, og den malte himmelen i nyanser av rosa og oransje, som om den forsøkte å mykne den harde virkeligheten han stod overfor. Det var mange år siden han sist hadde vært her, men stedet virket nesten uforandret. Likevel, alt føltes annerledes nå.

Togstasjonen hadde en gang vært et travelt knutepunkt. Folk hadde kommet og gått, togene hadde rullet inn og ut, og lyden av dampfløyter hadde fylt luften. Men nå var det stille. Stasjonen var ikke lenger i bruk, og det siste toget hadde gått for mange år siden. De gamle, falmede skiltene hang fortsatt på veggene, men de var dekket av støv og tidens merker. Sporene som en gang hadde vært blanke av slitasje, var nå overgrodd med ugress, som om naturen selv forsøkte å dekke over minnene.

Olav hadde ikke ønsket å komme tilbake, men noe hadde trukket ham hit. Kanskje var det et ønske om avslutning, om å sette en strek over alt som hadde skjedd. Kanskje håpet han å finne en slags fred her, på det stedet hvor alt hadde begynt å gå galt.

Han tenkte tilbake på de dagene da han hadde jobbet på jernbanen. Det hadde vært et godt liv, med hardt arbeid og enkle gleder. Han hadde alltid vært en mann som verdsatte det enkle, det som var rett foran ham. Livet på sporet hadde vært slik — det var noe håndfast ved det, noe han kunne stole på. Toget gikk alltid fra punkt A til punkt B. Men livet, som han hadde lært, var ikke alltid så rett fram.

Det var her, på denne stasjonen, at han først hadde møtt Ingrid. Hun hadde stått på perrongen, med en liten koffert ved føttene, og et blikk som så rett gjennom ham. Det var som om hun ikke hadde sett ham, men han hadde sett henne. Han hadde sett henne som ingen andre hadde gjort, og i det øyeblikket hadde han visst at livet hans ville forandre seg.

De hadde møttes flere ganger etter det, alltid her på stasjonen. Hun var på vei til et sted, alltid på vei videre, men hun hadde stoppet opp for ham. De delte stjålne øyeblikk, korte samtaler som var fylt med løfter om noe mer. Men de løftene ble aldri innfridd.

Olav visste at han hadde elsket henne, men det hadde aldri vært nok. Livet hadde sine egne planer, og før han visste ordet av det, var Ingrid borte. Hun hadde tatt et tog, et siste tog som førte henne langt bort fra ham, og hun hadde aldri kommet tilbake. Han hadde aldri fått vite hvor hun dro, eller hvorfor hun forlot ham. Han hadde bare blitt igjen med minnene og et spørsmål han aldri fikk svar på.

Årene hadde gått, og Olav hadde forsøkt å gå videre. Han hadde fortsatt å jobbe på jernbanen, men det hadde aldri vært det samme. Hver dag hadde føltes som en evig sirkel, der han kjørte togene frem og tilbake, men aldri kom noen vei. Livet hadde mistet sin farge, og alt han hadde igjen, var minnene om en tid som aldri kom tilbake.

Han hadde blitt gammel nå. Håret, som en gang hadde vært mørkt og tykt, var blitt grått og tynt. Hendene hans, som en gang hadde vært sterke og sikre, var nå merket av tidens gang. Men selv om kroppen hans hadde forandret seg, var minnene fortsatt klare. De kom tilbake til ham, som et gammelt, støvete fotoalbum som ble bladd gjennom i ensomhetens timer.

Mens han satt der på benken, kunne han nesten høre lyden av det gamle toget som nærmet seg. Det var en fantasi, han visste det, men den var så virkelig at han kunne kjenne bakken vibrere under føttene. Han kunne se for seg Ingrid igjen, stående på perrongen, med kofferten ved føttene, og med det samme blikket som hadde fanget ham så mange år tidligere.

Men det var bare en fantasi, og den virkelige verden var stille. Toget kom ikke, og stasjonen forble tom. Han trakk frakken tettere rundt seg, som om han forsøkte å holde fast på varmen som sakte ebbet ut av ham.

Han visste ikke hvor lenge han hadde sittet der da han hørte lyden av skritt. Det var noen som nærmet seg. Han snudde seg, og der, i skumringen, så han en skikkelse komme mot ham. Det var en kvinne, ikke ung, men heller ikke gammel. Hun hadde et uttrykk i ansiktet som minnet ham om noe, men han kunne ikke helt sette fingeren på det.

Hun stoppet foran ham, og de så på hverandre i stillhet. Det var som om hun visste hvem han var, som om hun hadde ventet på ham. Men han kjente henne ikke.

"Er det deg, Olav?" spurte hun til slutt, med en stemme som var både kjent og fremmed på samme tid.

Han nikket, selv om han ikke kunne huske å ha møtt henne før. Det var noe ved henne, en ro som gjorde at han ikke følte behov for å stille spørsmål.

"Jeg har ventet på deg," sa hun. "Lenge."

Olav rynket pannen. "Vente på meg? Hvorfor det?"

Kvinnen smilte, et svakt smil som ikke helt nådde øynene. "Fordi jeg visste at du ville komme tilbake. Du måtte komme tilbake for å kunne dra videre."

Det var noe i måten hun sa det på, en slags visshet som gjorde at Olav følte en merkelig ro. Som om alt han hadde ventet på, alt han hadde lengtet etter, endelig var innenfor rekkevidde.

"Jeg har levd med minnene," sa han lavt, som om han snakket til seg selv. "Men de har aldri gitt meg fred."

Kvinnen nikket forståelsesfullt. "Minnene kan være både en velsignelse og en forbannelse," sa hun. "Men det er på tide å gi slipp på dem nå. Det er på tide å gå videre."

Olav kjente en tyngde løfte seg fra skuldrene hans, som om hun hadde sagt noe han hadde ventet på å høre i mange år. Han så på henne, og det var som om han endelig forsto. Han visste ikke hvem hun var, eller hvorfor hun var der, men det spilte ingen rolle. Alt som betydde noe, var at han ikke lenger var alene.

"Vil du følge meg til toget?" spurte hun til slutt.

Olav nølte et øyeblikk, men så reiste han seg. Han visste at dette var noe han måtte gjøre, noe han ikke lenger kunne utsette. De begynte å gå mot perrongen, hånd i hånd, som om de alltid hadde hørt sammen.

Da de nådde perrongen, kunne han se det i det fjerne. Et tog, mørkt og stille, som ventet på ham. Det var ikke som de andre togene han hadde kjørt i sitt liv. Dette var annerledes. Dette toget skulle ta ham med til et sted han ikke kjente, men som han ikke lenger fryktet.

Kvinnen slapp hånden hans, men hun ble stående ved siden av ham. "Dette er din reise," sa hun. "Men du skal ikke dra alene."

Olav nikket, og han følte en varme spre seg i kroppen. Han var klar nå. Klar til å gå om bord, klar til å la fortiden være fortid. Toget ventet, og han var ikke lenger redd for hva som kom etterpå.

Han snudde seg mot kvinnen en siste gang. "Takk," sa han enkelt, uten at han trengte å utdype.

Hun smilte tilbake, et varmt og forståelsesfullt smil. "Farvel, Olav," sa hun. "Vi ses igjen."

Med de ordene gikk han om bord på toget. Dørene lukket seg bak ham, og han fant en plass ved vinduet. Han så ut mot perrongen, der kvinnen sto og vinket farvel, før toget begynte å bevege seg sakte ut av stasjonen.

Olav følte en ro han ikke hadde kjent på mange år. Han visste ikke hvor han var på vei, men det spilte ingen rolle lenger. Alt som betydde noe, var at han var på vei bort fra minnene, bort fra smerten, mot noe nytt og ukjent. Det siste toget hadde endelig kommet for ham, og han var klar til å møte det som ventet på den andre siden.

54

The Last Train

It had been one of the longest days of Olav's life. He sat on the bench at the deserted train station, feeling the cold, bitter wind sweeping across the open space. The sun was setting, painting the sky in shades of pink and orange, as if trying to soften the harsh reality he faced. It had been many years since he last visited this place, but it seemed almost unchanged. Yet, everything felt different now.

The train station had once been a bustling hub. People came and went, trains rolled in and out, and the sound of steam whistles filled the air. But now it was silent. The station was no longer in use, and the last train had left many years ago. The old, faded signs still hung on the walls, but they were covered in dust and the marks of time. The tracks, once polished by constant wear, were now overgrown with weeds, as if nature itself was trying to cover up the memories.

Olav had not wanted to return, but something had drawn him back. Perhaps it was a desire for closure, to put an end to everything that had happened. Perhaps he hoped to find some peace here, at the place where everything had started to go wrong.

He thought back to the days when he had worked on the railroad. It had been a good life, filled with hard work and simple pleasures. He had always been a man who valued the simple things, what was right in front of him. Life on the tracks had been like that – there was something tangible about it, something he could rely on. The train always traveled from point A to point B. But life, as he had learned, was not always so straightforward.

It was here, at this station, that he had first met Ingrid. She had been standing on the platform, with a small suitcase at her feet and a gaze that looked right through him. It was as if she hadn't seen him, but he had seen her. He had seen her like no one else had, and in that moment, he knew his life would change.

They had met several times after that, always here at the station. She was always on her way somewhere, always moving on, but she had stopped for him. They shared stolen moments, brief conversations filled with promises of something more. But those promises were never fulfilled.

Olav knew that he had loved her, but it had never been enough. Life had its own plans, and before he knew it, Ingrid was gone. She had taken a train, a last train that took her far away from him, and she never came back. He never found out where she went, or why she left him. He was left only with memories and a question that was never answered.

The years had passed, and Olav had tried to move on. He continued to work on the railroad, but it was never the same. Each day felt like an endless circle, running the trains back and forth, but never getting anywhere. Life had lost its color, and all he had left were memories of a time that would never return.

He was old now. His hair, once dark and thick, had turned gray and thin. His hands, once strong and sure, were now marked by the passage of time. But even though his body had changed, the memories remained clear. They came back to him, like an old, dusty photo album being flipped through in the lonely hours.

As he sat on the bench, he could almost hear the sound of the old train approaching. It was a fantasy, he knew that, but it was so real he could feel the ground vibrate beneath his feet. He could picture Ingrid again, standing on the platform, with her suitcase at her feet, and with the same gaze that had captured him so many years before.

But it was only a fantasy, and the real world remained silent. The train wasn't coming, and the station remained empty. He pulled his coat tighter around him, as if trying to hold on to the warmth that was slowly slipping away from him.

He didn't know how long he had been sitting there when he heard the sound of footsteps. Someone was approaching. He turned, and there, in the twilight, he saw a figure coming toward him. It was a woman, not young, but not old either. There was something in her expression that reminded him of something, but he couldn't quite place it.

She stopped in front of him, and they looked at each other in silence. It was as if she knew who he was, as if she had been waiting for him. But he didn't recognize her.

"Is it you, Olav?" she asked finally, with a voice that was both familiar and strange at the same time.

He nodded, even though he couldn't remember ever meeting her. There was something about her, a calmness that made him feel no need to ask questions.

"I've been waiting for you," she said. "For a long time."

Olav frowned. "Waiting for me? Why?"

The woman smiled, a faint smile that didn't quite reach her eyes. "Because I knew you would come back. You had to come back in order to move on."

There was something in the way she said it, a certain certainty that made Olav feel a strange peace. It was as if everything he had been waiting for, everything he had longed for, was finally within reach.

"I've lived with the memories," he said softly, as if speaking to himself. "But they've never given me peace."

The woman nodded understandingly. "Memories can be both a blessing and a curse," she said. "But it's time to let them go now. It's time to move on."

Olav felt a weight lift from his shoulders, as if she had said something he had been waiting to hear for many years. He looked at her, and it was as if he finally understood. He didn't know who she was or why she was there, but it didn't matter. All that mattered was that he was no longer alone.

"Will you walk me to the train?" she asked finally.

Olav hesitated for a moment, but then he stood up. He knew this was something he had to do, something he could no longer postpone. They began to walk toward the platform, hand in hand, as if they had always belonged together.

When they reached the platform, he could see it in the distance. A train, dark and silent, waiting for him. It was not like the other trains he had driven in his life. This was different. This train would take him to a place he did not know, but that he no longer feared.

The woman let go of his hand, but she remained by his side. "This is your journey," she said. "But you won't go alone."

Olav nodded, and he felt warmth spreading through his body. He was ready now. Ready to board, ready to leave the past behind. The train was waiting, and he was no longer afraid of what came next.

He turned to the woman one last time. "Thank you," he said simply, without needing to elaborate.

She smiled back, a warm and understanding smile. "Goodbye, Olav," she said. "We'll see each other again."

With those words, he boarded the train. The doors closed behind him, and he found a seat by the window. He looked out at the platform, where the woman stood waving goodbye, before the train began to slowly pull out of the station.

Olav felt a calm he hadn't felt in many years. He didn't know where he was going, but it no longer mattered. All that mattered was that he was leaving behind the memories, leaving behind the pain, heading toward something new and unknown. The last train had finally come for him, and he was ready to face whatever awaited on the other side.

www.ingramcontent.com/pod-product-compliance
Lightning Source LLC
Chambersburg PA
CBHW061405140726
47997CB00003B/1379